La Petite Chienne Trouve Son Os

Doggy Finds Her Bone

''La combinaison des images et l'intrigue dans « *La Petite Chienne Trouve son Os* » fournissent d'une occasion parfaite pour un grand-père (ou grand-mère) de partager avec un petit-fils assez jeune pour sans aide. Les questions de l'auteur- adaptés pour un jeune l'esprit- encouragent l'interaction entre le lecteur et l'enfant au-delà des mots écrits en transformant un simple divertissement en une expérience d'apprentissage partagé pour les deux. C'est une histoire parfaite pour partager avec un petit-fils! Chaque grand-père devrait avoir les livres de la série d'Ella la Petite Chienne! " - William Forsythe, III

"The combination of pictures and plot in '*Doggy Finds Her Bone*" offers a perfect opportunity for a grandfather (or grandmother) to share with a grandchild too young to read on his or her own. The search of a beautiful dog hunting for a bone in the typical American home is a story familiar to every young child. The author's questions - tailored for a young mind - encourages interaction between the reader and child beyond the written words, transforming simple entertainment into a shared learning experience for both. It's a perfect story to share with a grandchild! Every grandparent should own the books from *Ella the Doggy* series!" - William Forsythe, III

"*La Petite Chienne Trouve Son Os*» est une histoire attendrissante à propos de la persévérance et de la façon dont le travail acharné a ses récompenses. Une lecture très agréable qui inclut le bonus supplémentaire d'une subtile leçon pour les jeunes enfants et un bon rappel pour les adultes sur la persévérance! '' - Mavis Winkels

"*Doggy Finds Her Bone*" is a cute story of perseverance and how trying harder has its rewards. A very enjoyable book to read, which includes the added bonus of a very subtle lesson for young children and a good reminder for adults about perseverance!" - Mavis Winkels

"*La Petite Chienne Trouve son Os*" est un livre attendrissant qui montre une chienne un peu bête qui ne peut pas se rappeler où elle a laissé son os. Elle cherche partout où elle pense que son os peut se trouver. Ce livre est non seulement une excellente lecture pour toutes les générations, il nous apprend également à propos de la détermination et de ne pas abandonner. Ce livre attire les lecteurs et ouvre la discussion pour que tout le monde puisse s'impliquer dans l'histoire. Un classique instantané qui ouvrira les cœurs de tous ceux qui lisent ce livre!'' - Heather Howell

"*Doggy Finds Her Bone*" is a cute book about a silly dog who can't remember where she left her bone. She searches everywhere she can think that it might be. Not only is this book a great read for all generations, it also teaches us about determination and to never give up. This book draws readers in and opens up discussion for everyone to become involved in the story. An instant classic that will open the hearts of everyone who reads this book!" - Heather Howell

Ceci est un livre bilingue, écrit en Français et en Anglais.

This is a bilingual book, written in both French and English.

Husky Publishing
East Grand Forks, MN
email: djflaagan@gra.midco.net

Copyright © 2014 Jayne Flaagan
Design de la couverture © 2014 Jayne Flaagan
Photos par Jayne Flaagan

© 2014 Jayne Flaagan Cover Design
© 2014 Jayne Flaagan,
Photography by Jayne Flaagan

Aucune partie de cette publication ne peut pas être reproduit, en tout ou en partie, ou stockée dans un système de récupération ou transmise sous quelque forme ou par tous moyens, électronique, mécanique, photocopie, enregistrement ou autrement, sans la permission écrite de l'auteur.

No part of this publication may be reproduced in whole or in part, or stored in a retrieval system, or transmitted in any form or by any means, electronic, mechanical, photocopying, recording or otherwise, without written permission of the author/publisher.

Un jour Ella la petite chienne a obtenu une friandise.
Il était un os qu'elle pouvait mâcher.

One day Ella the doggy got a treat.
It was a bone that she could chew.

Ella aimait sa friandise et l'a englouti rapidement!

Ella liked her treat and she quickly gobbled it up!

Puis Ella a rappelé quelque chose.
Elle a rappelé qu'elle avait un encore PLUS GROS os!

Then Ella remembered something.
She remembered that she had an even BIGGER bone!

Ceci est une image de l'os.
Regardez comme il est gros!

This is a picture of the bone.
Look at how big it is!

Mais Ella avait un problème.
But Ella had a problem.

Elle ne pouvait pas se rappeler où elle avait laissé son gros os!
Alors elle est allée le chercher.

She could not remember where she had left her very big bone
So she went to look for it.

Derrière la porte de la cuisine a eu le premier endroit où Ella a cherché son os.

The first place that Ella looked for her bone was behind the kitchen door.

A-t-elle trouvé son os? Non, elle ne l'a pas trouvé!

Did she find her bone there ? No, she did not!

Puis Ella s'est penchée pour regarder sous le réfrigérateur.

Then Ella bent way far down and looked under the refrigerator.

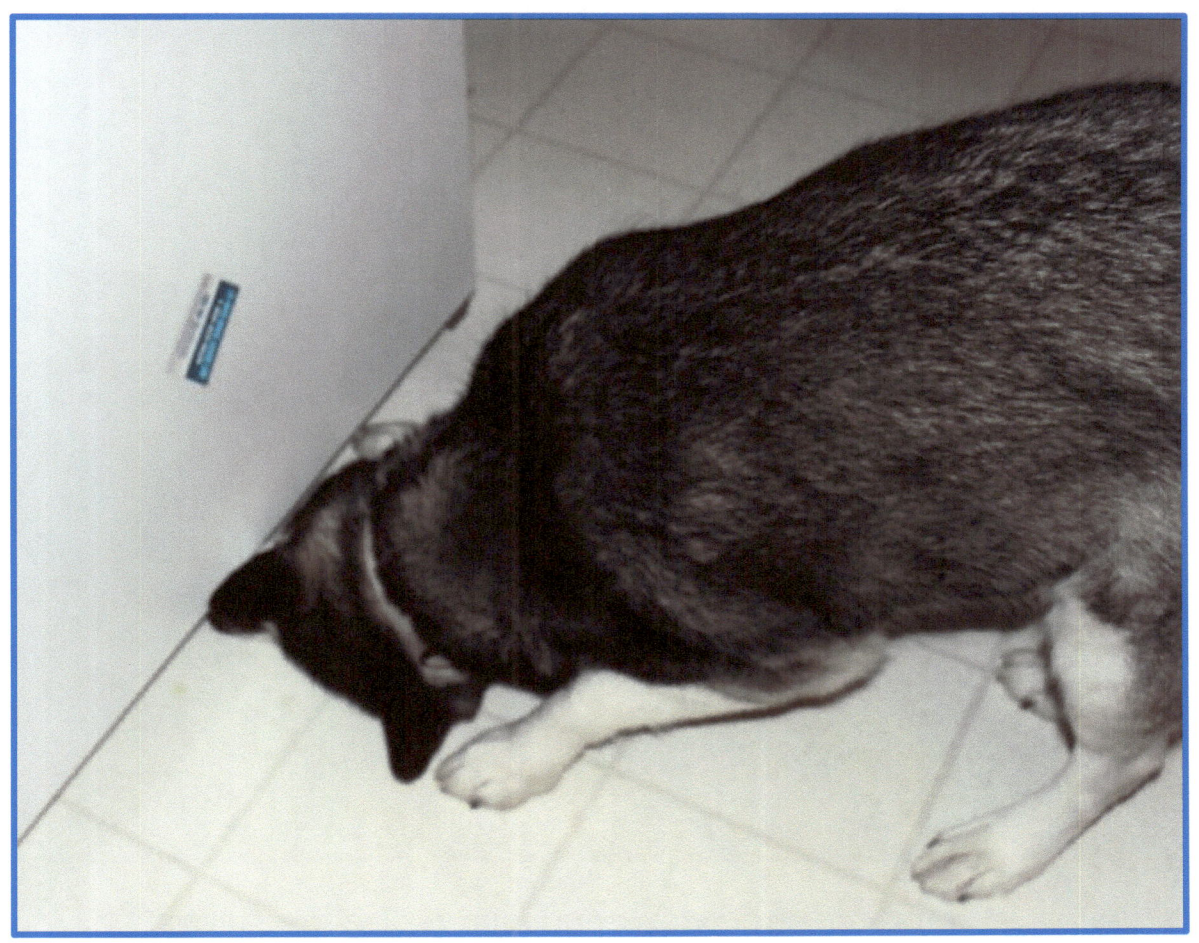

Mais l'os n'était pas là.

But the bone was not there either.

Puis Ella a regardé sous le canapé dans le salon.

Next, Ella looked under the sofa in the living room.

Le canapé avait beaucoup de belles fleurs roses et bleues ... mais aucun os.

The sofa had lots of pretty pink and blue flowers...but no bone.

Après cela, Ella a regardé près de la jolie plante verte.

After that, Ella looked by the pretty green plant.

Pauvre Ella! Elle n'a pas encore trouvé son os.

Poor Ella! She still has not found her bone.

Ella a ensuite couru dans le couloir pour chercher dans la salle de bains.

Then Ella went all the way down the hallway to look in the bathroom.

Tout ce qu'elle a trouvé était une serviette dans la baignoire.

All she found was a pink wash cloth in the bathtub.

Ella a même cherché son os dans une chaussure noire puante!
Ella even looked for her bone in a stinky black shoe!

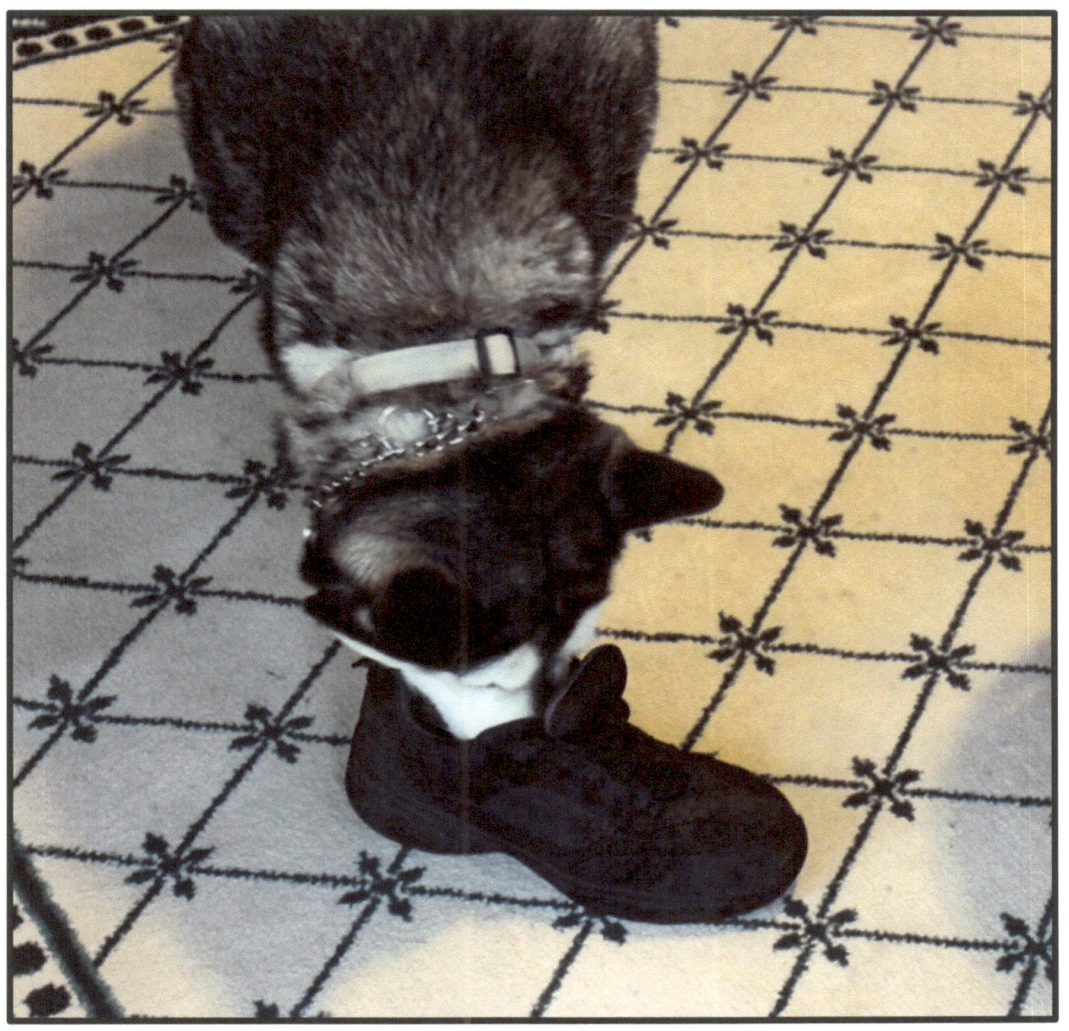

Quel endroit si bête pour trouver un os !
What a silly place to look for a bone!

Ella avait cherché son os gros et appétissant dans toute la maison.
Où pensez-vous qu'elle a regardé ensuite?

Ella had looked all over the house for her big, juicy bone.
Where do you think she looked next?

Vous avez deviné si vous avez dit qu'Ella est allée chercher dehors!

You are right if you guessed that Ella went to look outside!

Quand elle est sortie de la maison,
Ella a cherché son os dans un pot de fleurs.

When she got outside, Ella looked for her bone in a flower pot.

Dans le pot il n'y avait que des pierres et une pomme verte.
Aimez-vous manger des pommes? Mangez-vous des pierres?

There was just some stones and a little green apple in the pot.
Do you like to eat apples? Do you eat stones?

Ensuite Elle a regardé sous les étapes de l'escalier...

Ella looked under the steps next...

et sous un sapin, mais elle n'a pas pu trouver son os.

and under a fir tree, but she still could not find the bone.

Quand Ella a regardé échelle bleue, elle a vu quelque chose de très petit dans l'une des étapes.

When Ella looked on the blue ladder, she saw something very small on one of the steps.

Pouvez-vous le voir? Il était une baie et Ella l'a mangé!

Can you see it? It was a berry and Ella ate it!

La piscine était le prochain endroit où Ella a cherché.
The swimming pool was the next place that Ella looked.

Do you like to swim?

Aimez-vous nager?

Ella a également cherché sur les balançoires. Elle a constaté que quelques feuilles étaient tombées d'un arbre ... mais pas d'os!

Pouvez-vous voir que la balançoire ressemble le drapeau américain?

Ella looked on the swing too. She found a few leaves that had fallen from a tree...but no bone!

Do you see that the swing looks like the American flag?

Ella n'a pas trouvé non plus son os dans le garage.

Ella did not find her bone by the back garage either.

Pensez-vous Ella va trouver sa friandise?

Do you think Ella is *ever* going to find her treat?

Voici Ella, qui pense où d'autre elle pourrait trouver son os.

Here is Ella thinking about where else she could look for her bone.

Elle pense, "Hmm, peut-être mon os et dans les framboisiers."

She thinks, "mmm...maybe my bone is by the raspberry bushes.

Mais non, l'os n'était pas dans les framboisiers.
But no, the bone was not by the raspberry bushes.

Ella avait très chaud et elle était fatiguée.
Elle a sa langue pendue parce que de cette manière les chiens se rafraîchissent quand ils ont trop chaud.

Comment vous vous rafraîchissez?

Ella was getting very hot and tired.
Her tongue is hanging out because that is how doggies cool off when they get too warm.

How do you stay cool?

Pauvre Ella! Elle ne savait pas où d'autre chercher son os.
Elle a décidé d'aller dans sa petite maison pour se reposer un peu.

Poor Ella! She did not know where else to look for her bone.
She decided to go to her doggy house and rest for a bit.

La maison d'Ella est dans le chenil.
Le chenil est une maison pour un chien ou un chat.
Où habitez-vous?

Ella's house is inside a kennel.
A kennel is a house for a dog or a cat.
Where do you live?

En rentrant chez Ella, il y avait quelque chose à l'intérieur!

When Ella got to her house, there was something inside!

Pouvez-vous voir ce qu'il est? Pensez-vous qu'Ella le voit aussi?

Do you see what it is ? Do you think Ella sees it too?

Son os est dans sa maison!
Ella, la petite chienne a trouvé son os!

Her bone is in her doggy house!
Ella the doggy has found her bone!

Cette petite chienne a travaillé très dur!
Elle n'a pas arrêté de chercher son os jusqu'à le trouver!
Bon travail Ella!

This doggy has worked very hard!
She did not stop looking for her bone until she found it!
Good job Ella!

Comment pensez-vous Ella se sent
maintenant qu'elle a trouvé son os?

How do you think Ella feels now that she has found her bone?

Oui, Ella est une chienne très heureuse!

Yes, Ella is a very, very happy doggy!

If you enjoyed "**Doggy Finds Her Bone**," please leave a review with Amazon. This will help other families learn about Ella the doggy too!

Thank you!

Ella (the doggy) and Jayne (the author)

Don't forget to look for Ella's other books too!

Doggy's Busy Day

Doggy Loves Autumn

Doggy's Minnesota Winter

Doggy Celebrates Christmas

El Día Ocupado de la Perrita/Doggy's Buy Day
(Bilingual book in both Spanish and English)

Hundis Aufregender Tag/Doggy's Busy Day
(Bilingual book in both German and English)

La Journée Chargée de la Petite/Doggy's Busy Day
(Bilingual book in both French and English)

Dogii bijii dei wanko no era/Doggy's Busy Day
(Bilingual book in both Japanese and English)

Pracowity Dzień Pieska/Doggy's Busy Day
(Bilingual book in both Polish and English)

"*La Petite Chienne Trouve son Os*" est dédié à mon mari.
"Doggy Finds Her Bone" is dedicated to my husband.

Jayne Flaagan a grandi dans le Dakota du Nord et elle a déménagé au Minnesota depuis de nombreuses années. Elle vit avec son mari et avec une chienne un peu bête nommé Ella. Elle a également trois enfants adultes.

Flaagan détient des diplômes en Publicité /Relations publiques, Education Primaire et Français. Son expérience comprend plus de 30 ans dans l'enseignement primaire et l'éducation préscolaire, ainsi que d'une capacité étendue à écrire pour de nombreuses publications différentes et dans plusieurs genres différents. Elle aime profondément écrire pour les jeunes lecteurs. L'auteur parle espagnol, elle aime voyager, lire, faire des mots croisés et passer du temps avec sa famille ainsi qu'avoir d'autres passe-temps et loisirs.

Les livres ont toujours été une partie énorme dans sa vie et la lecture aux enfants est quelque chose qu'elle ressent est essentielle à l'expérience d'apprentissage pour chaque enfant. Entre ses travaux et s'occuper de ses enfants, elle estime qu'elle a lu environ un million de livres aux enfants au cours des années!

Jayne Flaagan a grandi dans une ferme avec un Husky comme animal de compagnie et elle a beaucoup de bons souvenirs de lui. Quand il était temps d'avoir un chien dans sa propre famille, elle savait qu'il devait être un Husky. Les Huskies sont amusants, adorables et ils ont beaucoup d'énergie! Ella est la deuxième Husky que l'auteur et sa famille ont eu la chance d'inclure dans la famille. Elle a apporté tant de joie et de divertissement pour sa propre famille que Flaagan a décidé de partager Ella avec d'autres familles. C'est ainsi que la série de livres « **Ella la Petite Chienne** » est née!

Jayne Flaagan grew up in North Dakota and made the big move to Minnesota many years ago. She lives with her husband and her goofy dog named Ella. She also has three adult children.

Flaagan has degrees in Advertising/Public Relations, Elementary Education and French. Her experience includes a background of over 30 years in Elementary and Early Childhood education, as well an extensive expertise in writing for many different publications and in several different genres. She thoroughly enjoys writing for young readers. The author can speak Spanish, loves to travel, read, do crossword puzzles, and spend time with her family, as well as having various other hobbies and past times.

Books have always been a huge part of her life and reading to children is something that she feels is critical to every child's learning experience. Between her jobs and raising her children, she estimates that she has probably read over a million books to children over the years!

Jayne Flaagan grew up on a farm with a Husky for a pet and she has many fond memories of him. When it was time to get a dog for her own family, she knew that it had to be a Husky. Huskies are fun, lovable and have lots of energy! Ella is the second husky that she and her family have had the joy of including in the family. Ella has provided so much joy and entertainment for her own family that Flaagan decided she wanted to share Ella with other families. Thus, "**Ella the Doggy**" book series was born!

Ella the Doggy

www.ingramcontent.com/pod-product-compliance
Lightning Source LLC
Chambersburg PA
CBHW050758110526
44588CB00002B/40